LA TRAITE

DES NOIRS,

considérée

COMME MOYEN D'ÉMANCIPATION IMMÉDIATE ET DE CIVILISATION UNIVERSELLE,

par

AUGUSTE LALLOUR,

ÉLÈVE DU COLLÉGE DE LORIENT (1827 — 1823),
ANCIEN NAVIGATEUR, PROFESSEUR DE MATHÉMATIQUES ÉLÉMENTAIRES,
A QUIMPER (FINISTÈRE).

Prix : 60 c.

BREST.

TYPOGRAPHIE D'A. PROUX ET Cⁱᵉ,
Rue Neptune, 10.

1840.

LA TRAITE DES NOIRS,

CONSIDÉRÉE

Comme Moyen d'Émancipation immédiate et de Civilisation universelle.

Prologue.

Ce fut un jour de déception pour les esclaves, un jour de deuil pour les colons soumis au joug oppressif de la Grande-Bretagne, le jour où le cabinet de St.-James annonça l'exécution prochaine du bill le plus inique sorti des antres législatifs du monopole commercial.

Tous les moyens connus étaient usés, l'attitude imposante de la France révolutionnaire ne permettait pas d'y fomenter impunément la guerre civile; en un mot : plus de chances de nuire ouvertement à cette rivale qui se posait en nouvel arbitre des destinées européennes.

Il fallut donc entrer dans de nouvelles voies et tourmenter le génie machiavélique de l'égoïsme insulaire, pour en faire sortir un édit capable, par son attentat au droit des nations, de faire pendant à la violation sacrilége du droit des gens qui rendit le grand Empereur, non prisonnier, mais victime du plus lâche, du plus déloyal de ses ennemis.

Le continent était malade de liberté, tous ses membres étaient agités par cette fièvre violente qui ne donne d'alternative que la vie, mais toute la vie ou la mort. Tous les regards invoquaient le noble symbole de l'émancipation donne une nouvelle existence au monde ; partout on désire être libre, il est honteux de ne l'être pas ; l'opinion est unanime pour glorifier les martyrs de la liberté, pour encourager ses partisans, comme pour flétrir ses oppresseurs ; les organes avoués des systèmes les plus absolus ne parlent d'assujettissement à un souverain que comme au représentant sur la terre d'un Dieu auteur et dispensateur de la véritable liberté. Partout on reconnaît l'injustice d'une distinction aussi énorme entre des êtres de même origine, doués d'une même âme, appelés aux mêmes destinées. Le droit d'être libre est incontestable ; mais il n'est pas écrit ; les philantropes modernes le montrent avec ostentation sur leurs pompeux écussons, ils l'adoptent pour devise ; mais, pour sa consécration, il faudrait de l'argent ; et, le dirai-je, à la honte de mon pays, l'argent que l'on refuse fausse la conscience, comprime ses nobles élans, la réduit au mutisme après une vaine tentative de générosité.

Que de vertueuses imaginations se sont fatiguées à produire un mode d'affranchissement susceptible de rendre une légitime existence à une classe nombreuse d'hommes, sans violer les droits acquis, sans léser des intérêts sacrés qui seraient compromis par la présence des affranchis sur les lieux témoins de leur esclavage, et surtout sans provoquer une insurrection générale, avec toutes ses conséquences, dans les colonies, dont les métropoles ne sont pas, comme nous, en mesure d'appliquer un système large d'émancipation ! On s'est arrêté, et l'on a dû le faire en présence d'injustices criantes, de désastres certains ; et l'on s'est borné à modifier par un code spécial les punitions infligées aux esclaves par les planteurs ou colons en général. On a établi, dans les arrondissements et cantons, des juges qui écoutent les plaintes et y font droit avec une grande sévérité, et les différentes cours criminelles témoignent de tout l'intérêt qu'on attache au sort de ces infortunés esclaves. Nos prisons d'Europe ont reçu et reçoivent encore quelquefois des colons que leur despotisme a portés à des violences envers eux ; la déportation n'est pas en France jugée trop de ceux-là même qu'elle avait provoqués à secouer le joug. Eh bien! en présence de ces faits, l'Europe, la France surtout restera-t-elle impassible? Quoi! l'Angleterre a bien osé *seule* entrer dans une voie de réforme apparente qui n'était qu'un piége tendu à nos intérêts maritimes et commerciaux; elle a faussé le principe d'équité en substituant la misère et l'esclavage forcé à un état servile, il est vrai, mais supportable à l'aide de la confiance dans le triomphe d'une cause sainte. Pour assurer sa prépondérance sur les mers, elle a pu sacrifier de l'or! fouler aux pieds des droits sacrés! prêcher la guerre sainte contre les métropoles! et proposer ainsi d'avance son immorale protection, avec le placement de ses marchandises, avec le plus sâle des impôts!......

Après ce coup d'état, tenté contre le monde civilisé, le droit de représailles n'est-il pas légitimement acquis? L'occasion de donner une large extension à notre marine, à notre commerce, à nos colonies, à la civilisation universelle, la voilà qui se présente sous les auspices d'une émancipation immédiate et si vivement désirée, avec assurance de bonheur pour les affranchis, sans préjudice pour les colons, sans honte pour l'humanité!

Jalouse de la faveur dont nous jouirons, et du succès de nos armées de mer, l'Angleterre desséchera de dépit en nous voyant maintenir, étendre nos colonies, et porter le flambeau de la civilisation autour du monde, par ces vaisseaux qu'elle avait condamnés à pourrir dans nos ports, ou à s'humilier devant et sous son ignoble pavillon!

CHAPITRE Ier.

De la condition des Esclaves en général et des Esclaves Français en particulier.

Depuis un demi-siècle le servage est ébranlé; le principe de liberté individuelle, victorieux en France, que la France venait d'arborer, et semblaient lui demander assistance. L'avenir de l'Europe était entre nos mains, et nous l'avons négligé.... L'Angleterre put alors revenir de sa frayeur mortelle, elle comprit le faible des utopistes réduits à rêver une émancipation imaginaire ; et quand elle se fut bien assurée de ces claqueurs insensés, elle déroula sous leurs yeux émerveillés le grand drame où l'on vit, comme des chakals affamés, une poignée de spéculateurs se ruer sur la fortune des malheureux colons.

Et qu'importait aux misérables membres du cabinet anglais que des Espagnols, des Portugais, des Hollandais, et des Français surtout, fussent sacrifiés dans ce guet-à-pens philantropique ? Ne parlaient-ils pas au nom de cette population si intéressante de noirs, pour laquelle ils préparaient les doctrines méthodistes, pour suppléer la loi de charité et de résignation évangéliques des prisons, en remplacement du toit insupportable d'un maître européen ? Les économistes anglais n'étaient-ils pas tout prêts à leur fournir, à titre de ferme temporaire, les terres auxquelles ils avaient jusque-là donné leur seule valeur, terres abandonnées à vil prix par la panique inspirée aux colons, terres que, dans leur dénuement complet, les pauvres noirs n'avaient pu acheter, mais qu'ils auraient le loisir d'améliorer pour augmenter par leurs sueurs les richesses de leurs nouveaux seigneurs ?

Quant aux colons, à qui auraient-ils osé porter leurs trop justes réclamations ? La généreuse métropole ne venait-elle pas de se saigner aux quatre membres pour leur prodiguer le plus pur de son sang.... cent millions de dollars aux armes britanniques ! ! ! N'était-il pas loisible à ces tyrans altérés de sang humain d'aller cacher la honte de leur *antropophobie* sur le continent d'où ils étaient sortis ? Pour aider au grand œuvre de liberté, la France libérale ne leur offrait-elle pas au débotté le passeport gratuit et le transport civil, comme à des affranchis des bagnes ou des maisons de force ?

Quelle voix se fût alors élevée contre les appréciateurs improvisés des besoins moraux de l'humanité ?

Hélas ! elles étaient innombrables, mais toutes condamnées au mutisme par les baillons du grand Royaume-Uni. Je parlerai donc pour elles, et j'accuserai hautement le ministère anglais de lèse-humanité ; car tout le monde sait à quelle condition misérable il a réduit et les affranchis et les colons ; nul n'ignore qu'il méditait le soulèvement universel des noirs dans ce qu'il reste de colonies aux états européens, et qu'il ne cherchait rien moins que la ruine de tout ce qu'il ne pouvait légalement envahir, sauf à réunir ensuite à ses vastes possessions ces restes convoités des colonies continentales, non par droit de conquête, mais par un droit aussi infâme que celui qui l'a rendu maître des îles Ioniennes, du Cap de Bonne-Espérance, de Maurice et de Gibraltar ; par le même droit qui prétend faire une île anglaise de la Sicile, une province anglaise de l'Egypte, un port anglais de Mahon, des contribuables de l'univers entier ; par le droit félon qui lui permet de lancer en pleine paix sur le continent les prétendants aux couronnes d'Europe, qu'il nourrit pour servir au besoin ses desseins criminels.

Les esclaves de toutes les colonies, un moment stupéfaits de cette subite générosité de l'Angleterre, ont de toutes parts secoué leurs chaînes, ont fait entendre comme la France de 1830 un hourrah d'applaudissement à des institutions nouvelles dont la devise était *liberté ;* mais le lion, ou plutôt le tigre britannique n'avait fait que cacher ses griffes meutrières, et le tableau de la plus effrayante misère vint à temps avertir les esclaves déçus du sort pire qui leur était réservé, en échange d'un sort très malheureux.

Ils sont donc tous encore aussi soumis que jamais aux divers gouvernements dont ils relèvent ; quoique pleins de confiance dans la justice de leur cause, ils attendent de l'Europe un avenir qu'elle leur doit, avant d'essayer du droit des révolutions, droit toujours terrible, mais toujours inévitable lorsque la justice est méprisée, au profit des intérêts de quelques-uns. Les esclaves ont donné une première leçon à l'Angleterre ; elle est dure cette leçon, car elle vient rigoureuse pour punir ces sortes de délits. Ainsi, l'administration veille avec zèle à ces malheureux dans les ateliers des colons; la main courageuse et charitable des prêtres et des religieuses catholiques, vient verser un baume précieux sur les plaies encore ouvertes de ces victimes, au mépris des intempéries d'un climat mortel et des fureurs d'un élément redoutable. Voilà ce que l'on a fait pour les esclaves de nos colons; mais on n'a pas encore supprimé la brutale punition du fouet, dont l'application présente le spectacle le plus dégoûtant que l'on puisse voir; encore est-il que cette punition est infligée moins rigoureusement dans les ateliers du gouvernement, où les formes d'une justice régulière sont observées, surtout lorsqu'il s'agit d'une plainte portée contre tout autre qu'un agent de l'administration qui représente l'État.

Un fait justifiera ce que j'avance, et pourra donner une idée exacte de la protection dont ils jouissent : « Un noir, de service dans un de nos hôpitaux, s'était « fait demander deux ou trois fois, par un matelot, « un objet de nécessité pour manger; soit obstination, « soit oubli, il négligea de le fournir. Le matelot, « impatienté, réitéra sa demande par l'application du « revers de la main sur la joue de l'esclave; celui- « ci fit sa déclaration au commissaire de l'hôpital, qui, « sans vouloir entendre de justification, fit mettre un « matelot estropié pour trois jours aux fers, et à la « salle de consigne jusqu'à sa guérison. »

Les esclaves de l'État ont, de plus que les autres, l'avantage de n'être punis qu'après jugement et condamnation. Si donc on compare de bonne foi et sans prévention la position de ces hommes à celle de tous leurs semblables des autres parties du monde, on doit les trouver d'abord plus heureux que les noirs espagnols, portugais, danois, suédois, hollandais et américains, dont on s'est peu ou pas occupé; plus heureux que les *apprentis* de la misère anglaise, parce qu'ils sont à l'abri des besoins alimentaires, et qu'ils ne sont pas menacés, comme ces derniers, d'être embastillés pour crime de mendicité, tant que la force des choses n'aura pas fait adopter pour eux des *boarding houses*, comme

pour leur récalcitrants concitoyens de Londres, Liver-
pool, etc., qui ont l'avantage de souper tous les soirs
au *bread barley*, et de coucher sous le gracieux toit
octroyé de nécessité par leur très gracieux gouvernement; plus heureux même que les nouveaux *blancs*
d'Haïti, *livrés à eux-mêmes* sur un sol des plus
riches, qu'ils ont négligé tant qu'a duré la curée facile des dépouilles de leurs maîtres d'Europe, et qu'ils
n'ont plus eu la force de labourer, parce que la va-
nité les avait aveuglés et les empêchait de paraître
hommes de peine aux autres nations, eux, hommes libres
par excellence, qui avaient conquis leur liberté par le
sang, mais qui désormais aimaient mieux végéter, orga-
nisant le vol, l'assassinat et l'incendie, que se soumettre
au travail, première condition de prospérité des Etats.

Lorsque l'on pense qu'aucune mesure d'humanité n'est
venue tempérer l'arbitraire volonté d'un maître absolu,
la condition des esclaves étrangers peut être considérée
comme insupportable ; et si l'on réfléchit mûrement à
l'avenir que l'état actuel offre aux esclaves français, on
est conduit à voir qu'il ne peut réellement exister de bonheur pour le père, que légalement on éloigne de son fils;
pour l'homme, que l'on sépare de ses affections les plus
chères avec assurance d'impunité ; pour l'enfant, que l'on
arrache au sein de sa mère ; pour la jeune fille, que l'on
prive de l'appui de son frère ou de quiconque lui a consacré le libre tribut de son affection. Non, point de bonheur tant que le plus saint des engagements ne cimente
pas les éléments du corps social. Point de famille, point
d'amour ; point d'amour, point de reconnaissance ; par-
tant plus d'obstacles aux envahissements de l'immoralité,
de l'ignoble égoïsme, des haines et des vindictes occultes,
dont les armes sont trop souvent le poison et le feu.

On m'objectera peut-être que le système adopté pour
régir les esclaves de nos colonies, est reconnu suffisant à
leurs besoins, que l'esprit de liberté, que les principes
d'honneur sont loin d'être aussi développés chez eux que
dans nos climats, que ces sentiments ne sont partagés
que par quelques ingrats, pressés d'oublier le bienfait de
l'instruction, des lumières qu'ils ont reçues de leurs
maîtres; on ajoutera même, pour preuve, que les ten-

tatives de révolte sont toujours restées sans succès, que le
cri de liberté, poussé par ces soi-disants opprimés, n'a
jamais trouvé qu'un écho stérile ; que, par conséquent, il
n'a jamais été considéré que comme une vaine devise, un
mot de ralliement d'anarchistes impuissants, et jamais
corrigés. Mais, pour eux encore, je répondrai, moi qui
les ai vu travailler et souffrir héroïquement, ces noirs si
indignement calomniés : ils méritent bien qu'on les é-
tudie, ces noirs si grands aux yeux de ceux qui les voient
de près, sans prévention ; mais ils nous sont généralement
inconnus ; et sans argumenter davantage, vous, leurs dé-
tracteurs, prenez les tableaux de condamnations pour délits criminels en France et dans les colonies, comparez,
jugez et prononcez !

Dans nos établissements coloniaux, on ne peut plus
maltraiter les noirs, il est vrai ; on ne peut pas exiger
d'eux une besogne au-dessus de leurs forces, c'est aussi
vrai ; on est forcé de leur fournir des objets nécessaires
à l'existence, et de les soigner dans leurs maladies, c'est
encore vrai. Si donc on s'arrête à ces considérations pu-
rement matérielles, on pourrait à la rigueur les supposer
heureux ; or, je ne crois pas qu'un homme ose l'affirmer.
Quiconque est doué d'une âme pensante et d'un cœur
comme le nôtre, a des passions pour le moins exigeantes
à l'égal des appétits naturels ; ce violent instinct de la re-
production, que tant de gens appellent amour, tyran-
nise, on le sait, les quatre-vingt-dix-neuf-centièmes des
populations, surtout dans les brûlantes régions tropi-
cales, où cet instinct contrarié dégénère en une jalousie
dévorante, dont nul n'ignore les désastreux effets. Quelles
sont donc les suites funestes de cette terrible maladie,
lorsqu'elle est long-temps comprimée dans le cœur de
ceux que l'on prive d'un avantage commun à tous les êtres
vivants de la création ?

Il est donc impossible que l'homme soit désormais
une marchandise que l'on puisse acheter et aliéner à volonté. Quant aux égards que l'on est forcé d'avoir pour
les esclaves, les bêtes les plus immondes les partagent, la
nécessité y oblige, pour en retirer les services qu'on en
attend. Ils manquent d'honneur et de courage, a-t-on dit ;
mais sait-on que des circonstances particulières, un

calcul odieux, des combinaisons immorales (que je ne
révèlerai pas), ont été les seules sauve-gardes de l'état
de tranquillité jusqu'à nos jours dans nos colonies !
D'abord, elles sont de peu d'étendue et d'importance.
L'admission des noirs s'est faite par envois partiels de
différents cantons de l'Afrique ; on peut en compter
de dix espèces distinctes, sans y comprendre les Ma-
lais et les Malgaches (*) répandus aux îles Maurice.
Si l'on y joint les Indiens volontaires appelés Talingas,
on comptera dans chacun de nos établissements, surtout les derniers, de quinze à seize sortes de peuples, d'usages, de mœurs et de langage différents. Je
compare maintenant deux ou trois de ces castes diverses,
sans armes, sans vêtements, à la masse de la population
des colons et des garnisons militaires ou forces maritimes, bien entretenues de munitions de toute espèce ;
elles sont bien légères dans la balance, et cependant c'est
tout au plus si deux ou trois castes étaient susceptibles
de s'entendre pour agir de concert, de faire cause com-
mune pour le redressement d'un grief, la réparation
d'une injustice, et *à fortiori* pour une levée de boucliers
tendant à renverser l'état des choses, sans perspective
pour l'avenir, sinon la destruction complète des colons,
pour assouvir leur vengeance imprudente, qui reste donc
une hypothèse essentielle, un rêve produit par des cer-
veaux creux ou maladifs.

C'est cette impossibilité d'agir de concert qui a fait croire
à des ignorants que les esclaves étaient d'une autre pâte que
les autres hommes, ou qui leur a fait refuser les qualités que
l'on voit briller dans les états civilisés ; leur manque sup-
posé de courage les a perdus auprès des Européens habitués à voir faire des prodiges pour la liberté. Quoi!
l'on accuserait de lâcheté des hommes qui ne sont que
trop humains ; mais ils tiennent du fabuleux tant ils sont
extraordinaires, les moyens qu'ils ont de faire le mal ; et
nous ne les connaissons pas tous. Faut-il pour intéresser
la vieille Europe des exemples d'un généreux dévoue-
ment ? qu'elle dépouille donc ses tenaces préjugés, qu'elle
me suive dans les profondes retraites des forêts séculaires

(*) Habitants de Madagascar.

à Cayenne et au Sénégal, qu'ensuite elle gravisse avec moi les innaccessibles mornes des Antilles, qu'elle pénètre aux mystérieux oasis des Salasses aériennes; j'y connais plus d'un Guillaume Tell auquel il ne faudrait pas trois cantons pour chasser et anéantir ses oppresseurs.

Plus courageux que lâches, ils se sont soustraits au joug et s'abstiennent d'user des armes terribles que le désespoir met entre leurs mains! La société les repousse...... elle les immolerait..... et eux refusent d'user du droit de représailles. Paix donc et respect! sinon pitié pour eux!

La condition des esclaves doit donc être changée. Il est immoral, il est honteux que l'humanité soit dégradée dans le siècle, à juste titre appelé siècle de lumières, d'études et de perfectionnement. *Je conclus donc à l'émancipation entière immédiate.* Le troisième Chapitre sera consacré à développer les moyens de suppléer les noirs devenus libres, car pour être réellement libres je leur donnerai un autre ciel, une autre patrie. J'établirai d'abord le droit de traite pour un pays autre que l'Europe et l'Asie, où se recrutent aujourd'hui les travailleurs des colonies Anglaises, depuis que les ingrats affranchis aiment mieux mourir de besoin que de travailler pour leurs libérateurs, ces héros du désintéressement et de la philantropie!

CHAPITRE II.

Droit d'extradition ; avantage qui en résultera pour la civilisation par le moyen de la colonisation universelle.

L'Afrique, dont la fécondité s'annonce par la variété et le nombre prodigieux de ses produits, est encore plus remarquable par sa population long-temps mal appréciée, pour ne pas dire inconnue ; on n'en a exploré que les rivages, et cela suffit aux spéculations tentées jusqu'à ce jour. C'est que ces spéculations n'ont été que celles du sordide intérêt; ce n'est que lui qui a jeté sur ce sol brûlant les avides Européens. Le zèle apostolique des premiers missionnaires a été refroidi par les apparences repoussantes des indigènes; il n'y a plus qu'un très petit nombre d'établissements religieux dans ces vastes contrées. L'Asie, l'Océanie et le Nouveau-Monde ont été préférés à la masse imposante des Africains restés en proie à l'exploitation du commerce. L'appât d'une fortune prompte a, seul, pu faire se livrer au trafic des hommes toujours difficile, et jusqu'ici considéré comme honteux; mais, envisagé sous un nouveau point de vue, je soutiens qu'il est nécessaire pour arriver à une modification morale dans cette partie du vieux continent.

D'abord, le but que doit se proposer la société est d'étendre le bienfait de la civilisation à tous indistinctement, et, puisque l'Europe, au nom de la société, se croit le droit de supprimer des institutions qu'elle trouve immorales, elle doit remplacer celles qu'elle anéantit par d'autres plus humaines, plus bienfaisantes, qu'elle peut imposer en usant du même droit. Ensuite, de bonne foi, ne serait-il pas dérisoire d'essayer à affranchir étourdiment quelques centaines de milliers de noirs, sans penser à la souche qui les a produits et repoussés, abandonnés comme des rejetons à charge au tronc. N'est-ce pas l'Afrique, elle-même, qui livre ses enfants? Va-t-on les lui enlever de force? Puis, ces joyaux, dont elle aime à se parer, elle n'aura plus, si l'on supprime la traite, la même facilité de se les procurer, et, comme ses ressources n'auront pas augmenté d'ailleurs, elle sera obligée de se décimer elle-même pour donner à ses plus nobles enfants les rares ornements de l'Europe. Eh bien! est-il plus humain de laisser s'entrégorger des frères que de les arracher à cette mort inévitable pour leur faire goûter le bienfait de la civilisation? C'est que la mort, pensez-y bien! la mort est terrible pour des hommes de ces mœurs; c'est le dernier terme des jouissances! c'est la fin de tout!

Or, à moins de déclarer une guerre générale à

tous ces peuples, qui font de l'esclavage un énorme abus, et d'anéantir successivement, dans tous les États de l'Afrique, l'exercice du droit de conquête, ne serait-il pas plus naturel à tous les gouvernements d'Europe, d'Asie et d'Amérique d'étendre d'accord de sérieuses relations de tous les points du littoral vers le centre de ce beau pays; de traiter à l'amiable, avec les innombrables souverains, de la cession de leurs sujets, dont la surabondance constitue seule la nécessité de l'état de guerre? Ne serait-ce pas le seul moyen d'éviter le scandale actuel? Et les potentats de l'univers croiraient-ils avoir à perdre de leur considération en venant, au nom de l'humanité, traiter d'égal à égal avec ces chefs, de par le droit du plus fort, quand il s'agirait d'épargner du sang humain, de porter aux enfants de Cham l'éclatant flambeau de la foi?

N'est-il pas temps que l'homme ne soit plus une propriété, un objet mobilier? Eh bien! qui peut ignorer que la fortune des Africains ne soit en raison directe du nombre d'hommes soumis à leur pouvoir? L'industrie de leur pays ne consiste-t-elle pas entièrement dans les travaux manuels? Et les gens puissants peuvent-ils se procurer les douceurs de la vie sans cet entourage de serviteurs, cette multitude d'esclaves qui supplée la foule de moyens créés par l'industrie Européenne pour rendre l'existence plus douce et lui procurer toutes les aises imaginables?

Que l'on fasse disparaître cette infinité de serviteurs, que l'on introduise partout l'usage de nos usines de toute espèce, de nos machines pour la fabrication des tissus, la mesure du temps, la préparation des aliments de première nécessité, l'exploitation des mines, pour activer les communications entre lieux éloignés; que l'on tente, par tous les moyens, la cupidité des rois Africains, que l'on flatte leurs passions, que l'on excite leurs besoins, et qu'on les alimente avec soin pour leur arracher en échange des hommes assujettis à remplir auprès d'eux le service des animaux! — Arrive donc le jour qui verra remplacer le palanquin, porté à dos d'hommes, par un char attelé de chevaux, et le personnel de manutention par le mécanisme de nos moulins,

de nos boulangeries! Honneur au premier peuple civilisé qui gratifiera un chef Africain d'un appareil à
vapeur applicable à une filature de soie, de laine ou
de coton, et qui en recevra, en échange, les centaines
d'hommes dont le travail productif sera ainsi com-
pensé!

La population africaine, réduite de cette manière,
recevra rapidement le bienfait de nos institutions, sans
passer par les crises déplorables qui ont déchiré l'Europe pendant tant de siècles pour la faire passer de
l'état de barbarie à l'état de tranquillité où nous la
voyons. Il est absurde de supposer que les Africains
ne soient pas, après quelques années de semblables
transactions, convaincus de l'avantage d'une organisation
sociale, qui ménage les intérêts de tous en les sous-
trayant au despotisme le plus absolu, changement d'autant plus facile à opérer que le pouvoir des chefs s'étend
à moins d'individus; or, tout porte à croire que les
plus puissants d'entr'eux se trouvent dans les contrées
voisines de la mer; et leur importance doit être pour
ainsi dire nulle, puisque les roitelets d'Europe forçaient
ces minces souverains à se confiner à l'intérieur en les
intimidant au moyen de quelques centaines de soldats.

Les peuples civilisés pourront donc, par une sainte
alliance, changer la face de l'Afrique par le moyen
de traite; mais il faut la faire largement, en réduisant
les chefs de toute espèce à n'avoir que le pouvoir des
ci-devants seigneurs féodaux, avec ce droit de plus qu'ils
pourront vendre leurs sujets; ils auront en échange
le moyen d'acquérir les services d'ouvriers Européens
pour faire fonctionner ou profiter les usines et les
machines qu'ils auront obtenues de l'Europe; ces ouvriers
demeureront sous la sauve-garde de leurs gouvernements respectifs, et l'influence de leur capacité, de
leur intelligence diminuera naturellement celle des
seigneurs ou propriétaires qui tomberont dans leur dé-
pendance. A ce point, l'Afrique se trouvera déjà au
siècle, à l'époque de Charles VII et de Jacques-Cœur;
les associations religieuses, les inimitables institutions
du moyen-âge feront le reste; ces maisons de travail
et de dévotion, qui font trembler l'Europe du XIXe siècle

trouveront un vaste champ à exploiter, et les gouvernements habiles ne manqueront pas de les encourager à y employer le superflu de leurs immenses richesses, à y développer le germe actif de leur intelligente et insatiable ambition. Peu importe, au fait, de quelle manière la lumière arrivera, pourvu qu'elle brille promptement de tout son éclat.

Hors ce moyen, il est inutile de penser à une émancipation intellectuelle; car, dans l'état présent, les guerres sont inévitables, le Christianisme impossible, sans le Christianisme pas de civilisation, par conséquent pas de liberté, et le noble but de la philantropie se trouve manqué.

Entrez-donc dans cette voie d'émancipation, vous tous qui faites appel à la charité pour vos frères, vous qui voulez les voir vivre de la vie des hommes, de la vie spirituelle, vous tous qui avez ébranlé le joug de l'arbitraire humain pour y substituer les maximes de l'Évangile du Christ......

Vous attendez encore que je vous fasse voir écrit sur les tables humaines le droit d'agir. Eh bien! il ne s'y trouve peut-être pas, ou il y est étouffé par les empiétements de l'égoïsme. Mais le code du grand législateur nous a transmis ses préceptes : « Si ton frère a faim, don- » ne lui à manger; si ton frère est nud, couvre-le de » vêtements; s'il est affligé, porte lui des consolations. » Au reste, il est imprescriptible, le droit de faire le bien; et lorsqu'on peut surtout en retirer un bénéfice personnel, pourquoi s'en abstenir?

Mais que l'on ne s'y méprenne point, si la traite s'établit sur le continent d'Afrique, qu'elle soit faite au nom des gouvernements ; que l'état civil de chaque individu soit authentiquement constaté; que jamais un colon ne puisse appeler un homme son esclave; le bon sens public accordera, j'en suis sûr, autant de confiance aux actes d'un gouvernement, qu'à ceux essentiellement privés qui garantissent indépendance et protection aux travailleurs indiens et allemands soudoyés et enrôlés pour les colonies anglaises.

CHAPITRE III.

Remplacement des Esclaves dans les Colonies actuelles. Nouvelles Colonies. Extension du matériel et du personnel de la Marine.

Avant de développer les moyens de remplacer les esclaves, j'examinerai la nature des propriétés. D'abord, le sol se divise en deux partie presqu'égales : le domaine public et le domaine privé. Le domaine public, occupant les parties élevées ou entièrement marécageuses, est presque partout plus susceptible de culture européenne que le domaine privé, consacré pour ainsi dire intégralement à la canne à sucre, au coton et à l'arbre à café dans les zones voisines de la mer, pour les îles, et dans les parties élevés au-dessus du niveau d'inondation des grands fleuves, pour les continents.

Le domaine privé offre partout une culture généralement exempte des travaux préparatoires de défrichement ou de dessèchement qui exigent un emploi considérable de bras, une longue stagnation de capitaux, choses incompatibles avec le caractère et la position financière de la plupart des colons. En effet, les seuls travaux extraordinaires consistent dans quelques coupes de bois de construction dans les lieux où l'on peut facilement pénétrer, et seulement pour des besoins indispensables, tant il faut de frais avant d'arriver à l'exploitation réelle de ces forêts aussi vieilles que le monde.

Les divers ateliers appartenant aux colons peuvent être considérés, plutôt comme des ateliers de réparations et de r'habillage, que comme de véritables fabriques; ainsi, loin d'y trouver des moyens de rechange pour les grosses avaries de nos vaisseaux, démâtage, perte de vergues, de gouvernails, d'ancres, etc., on y rencontre à peine de quoi les réparer, et c'est tout au plus si l'on y parvient à souder des ancres de 1500 à 2000 k. pesant.

Il est constaté que la fabrication est nulle dans nos colonies, et que l'exploitation territoriale n'y est qu'ébauchée. Il est du reste avéré que nos colons ne pourraient pas les mettre en vigueur. Le gouvernement seul reste donc maître d'industries, qui partout sont les plus lucratives, les plus sûres quant aux bénéfices, en ce qu'elles sont les plus utiles à la société.

Maintenant, les esclaves se partagent aussi en deux grandes classes : 1° les laboureurs et manœuvres; 2° les ouvriers, domestiques, attachés au service personnel, et les marins. Le remplacement des laboureurs et manœuvres se fera avec avantage, car le mauvais vouloir, provenant de l'impossibilité matérielle d'avoir sa liberté ou de ne l'obtenir qu'au prix de ces longues économies d'une moitié de la vie, qui seules pourraient procurer à l'autre quelques jouissances, la séparation souvent brusque des enfants et des femmes, tout concourt à décourager l'esclave, tandis que le travailleur, qui verra toujours croître son pécule et sa famille, et qui aura l'assurance de posséder l'un et l'autre sur un sol libre, sous la protection d'un gouvernement fort, ces travailleurs, dis-je, vaudront presque le double des malheureux esclaves, dignes, à tous égards, de notre commisération. Il est préalablement nécessaire d'établir le sort nouveau de ces travailleurs, qui ne dépendront plus des colons, et qui compenseront néanmoins la perte des esclaves.

Chaque nouveau travailleur sera assujetti à un travail de quinze années (excepté les enfants au-dessous de dix ans, qui ne seront pas dégagés avant vingt-cinq ans.); après ce laps de temps, le gouvernement devra s'engager à leur donner une certaine quantité de terres dans une autre colonie, avec les instruments nécessaires pour l'exploitation; de plus, tous les individus, susceptibles de recevoir quelqu'instruction, auront dû être exercés à la lecture, au calcul, à l'écriture et aux arts mécaniques, dans des écoles aux frais de l'état, en suivant la méthode adoptée pour les régiments et les maisons de correction.

Chaque colonie serait divisée en un nombre facultatif de cantons, chaque canton en un même nombre de sections; le chef-lieu de canton serait établi dans la partie la plus centrale du domaine public de chaque canton. Le chef-lieu de canton serait la résidence d'un administrateur en chef, d'un médecin, d'un prêtre, d'un instituteur, de quelques économes, infirmiers et infirmières, régissant l'hôpital, la salle d'asile des enfants du canton et les maisons de travail à l'usage des vieillards, des femmes, des infirmes et des convalescents. Le conseil d'administration générale se composera de l'administrateur civil, du médecin, du prêtre, de l'instituteur, auxquels se joindront deux colons, un noir affranchi et un travailleur recommandé par dix ans de travaux et de bonne conduite; ce conseil réglera tout ce qui concernera les sections dépendantes. Le chef-lieu de chaque section sera un camp, sous la direction spéciale d'un agent comptable, ayant sous ses ordres autant de commandeurs, ou plutôt de brigadiers, sous-brigadiers et fourriers, qu'il y aura de divisions et subdivisions dans le camp pour fournir aux divers besoins des colons. Le camp sera conduit militairement, car il ne sera composé que d'individus valides, ceux qui ne le seraient pas devant être versés au canton et remplacés immédiatement par des travailleurs employés aux exploitations du gouvernement.

Les brigadiers et sous-brigadiers devront surveiller à leurs travaux les ouvriers qui n'auront aucune relation avec les colons, si ce n'est pour le service personnel, qui sera soumis à une police exceptionnelle, que je déterminerai plus tard; les fourriers seraient chargés, comme dans l'armée, des rapports et de la comptabilité.

D'après ces dispositions, l'on voit que les colons seront déchargés de tous les soins concernant l'alimentation, la vêture, le logement, le traitement médical des travailleurs; que, par conséquent, le gouvernement se trouverait en droit de prélever contributions sur eux pour aviser à tous ces besoins qui, par l'entremise d'une administration française, seraient avantageusement satisfaits et même avec économie. Les frais d'administration seront aussi payés, et l'on aura là le double avantage de la centralisation; car tout ce personnel d'employés se rapportera par un même intérêt à l'administration qui paie, punit ou récompense, et veille toujours religieusement au bien-être de ses laborieux enfants; tandis que ceux-ci, ne formant plus qu'une même famille, pourront être assimilés aux douaniers et composer un corps armé d'élite pour maintenir au dedans et repousser au besoin les attaques des ennemis du dehors. Les colons devront à cette nouvelle organisation l'avantage et le loisir de s'occuper d'amélioration, d'agrandissement, dégagés qu'ils seront des soucis de l'exécution et des difficultés que l'on rencontre de la part des esclaves toutes les fois qu'il s'agit de défricher, parce qu'ils ont toujours craint l'augmentation du labeur sans espoir de bénéfice. Leur position sera donc améliorée.

Voilà un système qui présente avantage pour tous au changement du *statu quo*, quant à la première catégorie d'esclaves. Reste la deuxième; et d'abord, je suppose au pouvoir du gouvernement une nombreuse réserve de travailleurs, occupés aux grandes opérations de la culture, du défrichement, de la construction, ou employés aux grands ateliers de forge, de fonderie, charpentage, scierie, poulierie, mâture, corderie, garniture, en un mot à tous les travaux pratiqués dans nos grands ports d'armement. Il est évident que pour fonder tous ces ateliers il faudra des gens spéciaux, déjà habitués à ces travaux. Eh bien! que l'on y envoie quelques premiers maîtres de chaque partie et l'on trouvera dans les ateliers des colons des forgerons, des menuisiers, charpentiers, voiliers et calfats qui, en attendant l'époque où ils auront formé des apprentis capables de les remplacer chez leurs maîtres, en formeront d'autres aussi pour le gouvernement, qui économisera le fruit de leurs travaux pendant l'espace de temps exigé pour l'apprentissage du remplaçant et leur fournira ainsi les moyens d'établissement avantageux dans les colonies, où les auront précédés les agriculteurs.

Quant aux marins, aux bijoutiers, horlogers et autres ouvriers en fin, l'armée de mer, les ateliers d'ajustage, de décors, de peinture, les recevront aux mêmes conditions que les précédents. Les magasins de vêture et de chaussure ne seront pas suffisamment entretenus par les tailleurs et cordonniers, puisque toutes les fournitures pour le gouvernement viennent de France.

Puis, les esclaves attachés au service privé, qui sont d'une intelligence plus développée et ont atteint un plus haut degré de civilisation, après s'être fait substituer, pourront être employés : les hommes, soit à la milice, aux places de brigadiers, infirmiers; soit dans les fermes du domaine public, lorsqu'ils auront authentiquement justifié d'une moralité convenable; les femmes aux places d'infirmières, aux petites industries, au commerce de détail, et surtout à la direction de leur ménage; car on ne devra tolérer aucun noir affranchi dans les anciennes colonies, s'il n'est pas légitimement marié. Ils auront, du reste, tous l'alternative de rejoindre leurs compagnons agriculteurs et d'exercer leur industrie et leur commerce dans les nouvelles colonies, à mesure que la nécessité s'en fera sentir après les premières récoltes et les premières ventes des produits du sol. La forme administrative de la métropole servira à constituer les nouveaux établissements.

La condition des esclaves attachés au service privé n'étant pas, sous tous les rapports, comparable à celle des laboureurs et ouvriers, on devra, pour eux aussi, adopter les mesures suivantes : d'abord un vêtement plus remarquable pourra leur être accordé comme dédommagement de la manière irrégulière dont se fera leur service, soit de jour, soit de nuit, auprès des colons ; puis, par leurs communications familières, il arrivera sans doute des incompatibilités de caractères qui entraîneraient de graves inconvénients; je désirerais donc que, pour les prévenir, il fût toujours loisible à un travailleur au service privé de changer de subdivision, de division, même de section, pour éviter les conséquences fâcheuses de rixes qui pourraient surgir entre colons et travailleurs, et qui seraient, le cas échéant, jugées par les tribunaux, où désormais les uns et les autres jouiraient d'un droit commun. Tous seraient donc égaux devant la loi.

Pour rectification d'un fait antérieur, j'observe que les affranchis jouiront, non du fruit de leurs *propres* travaux *ordinaires*, acquis aux colons, mais seulement de celui de leurs apprentis, jusqu'à ce que ces derniers puissent les remplacer, plus, de leurs propres travaux *extraordinaires*, ce qui est tout naturel.

Quelques personnes pouvant ignorer les points du globe sur lesquels on pourrait établir de nouvelles colonies, j'indiquerai, entre mille, où nous pourrions les former : la côte orientale de l'île de Madagascar, la Nouvelle Zélande, les petites îles du Grand Océan, la Nouvelle Hollande, les rives du Fleuve des Amazones, l'intérieur des Guyanes, et plusieurs autres contrées d'Amérique et même d'Afrique.

Ainsi les ressources, loin d'être diminuées, sont augmentées, car chacune des colonies actuelles, devenant un grand centre d'industrie, un arsenal maritime, dont le gouvernement sera le possesseur, offrira les ressources nécessaires au remplacement des esclaves chez les colons, et aux frais de premier achat des travailleurs, dont le prix, en troisième main et sous l'influence de la prohibition, n'est aujourd'hui, à la côte d'Afrique, que de 35 piastres, soit deux cents francs (prix susceptible d'être réduit au tiers, même au quart, par le moyen de traite que je propose).

Les travailleurs, désormais bien vêtus et chaussés, auront l'assurance de profiter de leurs travaux extraordinaires, autorisés qu'ils seront à les pratiquer et ayant toujours la facilité de placer leurs économies aux caisses d'épargnes du gouvernement. Ils auront le plaisir de vivre en famille sous le même toit et l'espoir bien fondé de se trouver plus tard encore réunis dans les nouveaux établissements avec une propriété toute prête et des valeurs mobilières pour la faire fructifier. Ils pourront toujours recevoir de l'Europe des administrateurs, des médecins, des professeurs et des prêtres, pour achever leur éducation scientifique et morale ; et, dans cet état, leur sort sera heureux, car ils auront appris à connaître, au-delà des misères inséparables de l'humanité, une vie meilleure, si riche de consolations pour les cœurs bien nés. Ils sauront, en un mot, quel est le baume réparateur des maux occasionnés par les actes égoïstes de l'homme passionné.

Je ne demanderai donc pas d'argent employé en pure perte, pour arriver à une gêne, à un malaise, à un état de mort comme celui qui existe dans les colonies anglaises, pour faire construire des bastilles, pour entretenir des garnisons militaires, dans le but d'habituer des malheureux à la misère, pour essayer d'escamoter le commerce des nations alliées et amies, pour faire maudire le nom français partout où mon projet pourrait étendre ses effets. Non, si je demande de l'argent, je le demande hautement, mais à la charge d'en payer les intérêts jusqu'au remboursement, et il ne se fera pas attendre, j'en ai la confiance; car de parasites qu'elles sont, nos vieilles colonies deviendront productives; les nouvelles le seront essentiellement, puisque l'État pourra toujours se réserver des droits partout où il établira des fermiers.

Et si l'Europe, la France surtout, reconnaissante de l'économie faite à sa bourse, veut entrer pour quelque chose dans l'œuvre de cette régénération, qu'elle place ses capitaux dans cette vaste entreprise, dont le gouvernement doit avoir le monopole; il y trouvera des moyens d'exercice pour sa nombreuse flotte, pour ses braves matelots; une tâche noble à remplir pour ses officiers, ses prêtres, ses administrateurs.

Que la France échange les millions de l'impôt présumé pour l'émancipation de 500,000 hommes, contre le denier de l'aumône, et qu'elle donne à chacun des premiers affranchis cultivateurs un habit de toile, quelques graines, un instrument aratoire, de la poudre et un fusil, elle se sera créé des enfants qui l'enrichiront un jour, et qui provisoirement sauront défendre leur sol contre les invasions de l'ennemi commun; elle aura justifié son nom; elle aura réellement agité le monde; elle aura rallumé le véritable flambeau de la civilisation, presqu'éteint depuis dix-huit cents ans.

FIN.